AF397672

@ 2021 Nevantakanen Mikko

Kustantaja: BoD - Books on Demand,

Helsinki, Suomi

Valmistaja: BoD - Books on Demand,

Norderstedt, Saksa

ISBN: 978-952-80-5072-8

KYBORGI

RUNOJA

Voisiko ajatella niin

että olisit

ymmärtänyt lukemasi

kivet

linnut

puut?

Jouni Somerolle

Kymmenessä sormessa

tuhat

flyygeli sillä tavalla

kuin jukeboxit ovat.

Kesäilta laiturina

sulautua kahlatessaan kyborgiinsa.

Digitaalisia avatareja

summa summarum

lopulta sähköllä

toimivat rotat

mitä syövät.

Hypoteettisessa kaupungissa

katua rakennetaan

valmiiksi kuten

keski-ikäisen lapsuutta

"Punk on paskaa"

spraymaalattuna

siltaan.

Hetkittäin olin varma

että se oli varjo

joka pudotti lehtensä.

Leikkiessään täyttävät

tyhjyyttä

sangollinen kerrallaan.

Katsoa mieluiten poispäin

sinne mitä ei ole

on.

Ainoastaan muisti voi

koskettaa sellaista mitä

ei ole.

Sadepisaran pudottua

koko metsä välähtää.

Suru on tyhjä huone.

Miten vielä illalla

katsoit ikkunasta;

sen toisella puolella jo.

Miten voisi kuolemasta

kirjoittaa.

Ihmiset jättävät jälkeensä

tyhjiä tuoleja.

Patsas torin keskellä:

Sotilas nostaa lakkiaan

johon kyyhkyt

useampana kesänä

rakentaneet pesänsä.

Jussi Björling

Pavarotti:

Please, I´m only human.

Kun suru ei lopulta

mahtunut katseeseen

eikä loittoneva hahmo ollut

enää kuvansa.

Sana on äänettömyyden peilikuva,

näkymättömän muotonsa

ääri.

Ensimmäinen säe on

kirjoittamaton

kuten samanniminen luku,

toinen luku joku toinen

kenties ihminen.

Valokuvan ja muistin

vääristymät;

miten käsitys niistä

on huomaamatta

pudonnut.

Ensilumi

Jänis runoillut jälkensä.

Miten tulee ehjäksi

särkemästään

joisi viininsä järvistä

antaisi haukien nousta

puuhun.

Niin kuin jokin meissä

tulee kaadetun eläimen

silmistä ulos.

Mandariinit

omenat

tupakat

miten paradoksaalista

onkaan

että haaveilijan pöydän

täytyy olla tyhjä.

Yhteinen koti

jolloin toisen täytyy

asettua vieraaksi

ilmoittaa etukäteen

tulostaan

soittaa kelloa

että jätettäisiin kokonaan

avaamatta

tai olisi erehtynyt

ovesta.

Katseli puuta

kuin se olisi ollut

jokin syy

tarpeeksi kauan

kunnes latva

ei enää

jatkunut.

Sylissä kissa muuttuu

kirjaksi

miten sitä rapsutellessa

luetaan.

Vaikka tunne on sana

mutta eri

jonkun toisen

vaikkapa kaipaus

molemmilta puolilta

jokea

ajelehtinut vene.

Katselen

ikkunasta sadetta

vaahteraa

runot keskeneräisiä

rusakko

eikä mikään

pieleen mennyt

voisi mennä

kuin on mennyt.

Kuvasi paino

peilisi verran

hetken olin varma

että se olisi vettä.

Sinuun mahtui piiloon

kuollut koira

isä

äiti

mutta sydämesi

sinä panit maahan.

Puusta versoivat silmut

hetken olin varma että

linnut.

Syysmuutto jota jäit

katselemaan

enkä minä sinua

myöhemmin

taivaana muistanut.

Tulossa siksi miten

sinä näet itsesi

kuvasi hylkyjen peilinä.

Kuorittu

appelsiini

ei tiedä

väriään.

Meri on mennyt umpeen

kalat nousseet pelloille

niin harvoin rakkautta

saa koskettaa paljain

käsin

Huomenna pilvet jäävät

kiinni puiden latvoihin

meidät on ohjelmoitu

kiertämään toiset.

Lopulta kun vesi

on laskeutunut

tietää olevansa autio.

Talojen seinät

täynnä spraymaalikirjoitusta

ikkunat rikottu

lintulauta

hyönteishotellit

jätetty koskematta.

Joku kantaa jätesäkkiin

pakattua ruumista kellariin.

Tulisi sopeutua

muuttua mukana

mieltää

kaatuneet puut rahaksi

ulkoillessaan

vanha koira

virtsaa aina saman

talon kulmaan.

En halua ratkaista

hieroglyfejä

anagrammeja

pyyhkiä kirjoja

pölystä

jokaiselle tulisi

riittää tämänsä

puheet tulevista.

Laitan kissalle ruokaa

televisiossa ei tapahdu

tosiasioita.

Sanomatta sanaakaan

niin minäkin sinua.

Ydinvoimala on

arkkitehdin versio

paratiisista

maailmakin oli

alun perin eläinten

vaikuttavien metsien

Herättelen paperille

sukupuuttoon kuollutta.

Eläimet olivat täällä ensin

rakensimme parkkipaikkoja

ja veimme niiltä kodit.

Kaupunkilaiselle metsä

niin ettei

sitä hukkaa.

Ajatus pyrkii

harakkaan.

Koko kesä ilman

jalkineita

niin kuin intiaanileikkeihin

koskaan kyllästyisin

silmät metsinä.

Painaa poski vasten

sammaleenkarkeaa

ja sitä toista vasten

eikä mikään niin pehmeä

tuo lohtuaan

kuin kokonainen metsä.

Painaa poski karkeaa

puolta vasten

ja sitä toista

missä suru siliää.

En kuulu niihin

jotka näkevät elämän

moottoritienä

että metsät menevät

nopeasti ohi

Otan sinua kädestä kiinni

näetkös

jalkaisin tässä sadussa

on paljon

enemmän katseltavaa.

Kaikki maksaa

hinnat kallistuvat

Mustarastaan ilmaiskonsertti

-todellinen anarkisti.

Tulevaisuudessa

mikään ei ole ilmaista

kohta perivät maksun

kuutamo-öistäkin

Kapustarinnan konsertit

loppuunmyytyjä.

(Sirkka Turkalle)

Taivaalla kavionjäljet

Sirkan hevoset

juosseet kuten vain

suru juoksisi

kuten ne joita

kuolema ei tavoita.

Tuuli saa vedenpinnan

väreilemään:

Meren huolestunut otsa.

Jos lapselta kysytään

on näkymätön

kaikista suurinta.

Runoilijan päiviä

kahvi keitetään uudeksi

loputtomat kirjat

mietitään toisiksi.

Miten on odottanut

kevättä

lintuja

minihameita

myöhästynyt kokouksista.

Tulevaisuudesta ajattelen

kuten pullantuoksuisesta

mummolasta

lumihiutaleista kuten lapsi

katsellessaan niitä ikkunasta

-pienetkin suurta.

Valapäivä:

Isän verestävät

silmät

salaa kyynelissä.

Kongossa rynnäkkökiväärillä

on lapsen kasvot.

Tapahtumaton

ei edes sada.

Antaa surun pudota

paperin läpi

sen

tuntemattomalle puolelle.

Laiskoja kesäpäiviä

odotan...

odotan...

että perhonen lepattaa

mukaan runoon.

Poismuuttajat

tyhjyyskö on ainoa

mitä loittonevat

siipiparit

koettavat sanoa.

Epilogi

Äidin loittonevat askeleet

miten todeksi pimeässä

tulivat

mielikuvituksen heijastumat

satukirjojen sisin.

Mulla ei ole

ruokaa

ei duunii

ei untakaan

Voitte jättää

viestin

äänimerkin kuultuanne

painakaa yksi.

Pöytä on katettu

vähän

keittoa

leipää

haaveille jätetty

tilaa.

Syksy on kaunis

pudonneet omenat

joita et ole

enää keräämässä kanssani.

Miten vikkeliä puut

oravan hahmossa.